AF337445

SIX JOURNÉES

PASSÉES AU TEMPLE.

SIX JOURNÉES

PASSÉES AU TEMPLE,

ET AUTRES DÉTAILS

SUR LA FAMILLE ROYALE,

QUI Y A ÉTÉ DÉTENUE.

« Je pardonne encore très-volontiers à ceux qui me gar-
« daient, les mauvais traitemens et les gênes dont ils
« ont cru devoir user envers moi. J'ai trouvé des âmes
« sensibles et compatissantes ; que celles-là jouissent
« dans leur cœur de toute la tranquillité que doit leur
« donner leur façon de penser. »

Testament de Louis XVI.

PARIS,

J. G. DENTU, IMPRIMEUR-LIBRAIRE,

rue des Petits-Augustins, n° 5 (ancien hôtel de Persan).

1820.

AVERTISSEMENT.

—

Ce récit peut se lier à ce qui a
été publié de plus authentique
sur la captivité de la famille
royale dans la tour du Temple,
et les malheurs inouïs qui l'ont
accablée.

Touchant ce que je rapporte
de l'intérieur de cette prison,
et de ce qui s'y est passé lorsque
j'y ai pénétré, je pourrais invoquer le plus auguste témoignage; mais je me borne à dire
que si je suis lu, je ne serai

pas désavoué. Plusieurs autres faits sont attestés par beaucoup de monumens historiques du temps. Pour ce que je tiens de l'infortuné Bailly sur le voyage de Varennes, je m'en rapporte au souvenir de M. le marquis de La Fayette. Enfin, sur ce que j'ai vu et observé, et dont je n'offre d'autre garantie que ma propre relation, je prie de compter sur la plus exacte fidélité.

Dans la position où je me suis trouvé à l'égard de la famille royale, j'ai regardé comme un devoir, après y avoir survécu et après nos vicissitudes, d'ajouter mon témoignage à tous ceux qui publient les vertus, les nobles douleurs, et surtout l'inaltérable bonté de ceux que nous avons perdus. Je viens en révéler de nouvelles preuves, et y attacher, au milieu de tant d'erreurs, tant de complots et d'ingratitude, un nouvel hommage de mon dévoûment et de mes regrets.

SIX JOURNÉES

PASSÉES AU TEMPLE,

ET AUTRES DÉTAILS SUR LA FAMILLE ROYALE, QUI Y A ÉTÉ DÉTENUE.

———

J'AI vu Louis XVI et son auguste famille au Temple ; j'ai vu cet excellent et infortuné Prince devant ceux qui se sont établis ses juges ; j'ai vu la Reine devant un tribunal de sang, sur ce siége où se sont succédées tant de victimes des systèmes et des réactions révolutionnaires ; j'ai vu, enfin, Mme Elisabeth montrer le ciel aux compagnons de son martyre.... Elle les y suivit la dernière.

Qu'il me soit permis, en retraçant

ces souvenirs, d'y mêler quelques faits qui me sont personnels; cette association était indispensable à mon récit. Je l'offre aux âmes sensibles et à l'histoire.

Ce fut le 5 décembre 1792, que je parus pour la première fois au Temple, comme commissaire de la Commune : je venais d'être nommé à la municipalité provisoire qui remplaça celle du 10 août. J'arrivai au Temple avec trois autres commissaires, à un peu plus de dix heures du soir, pour être relevé, ainsi qu'eux, le surlendemain à pareille heure. Le conseil - général de la Commune nommait, à sa séance du soir, ceux de ses membres destinés à ce service, et les renouvelait chaque jour par moitié. Ils étaient, dans ce temps-là, au nombre de huit, dont deux, tirés au sort, étaient attachés, l'un à l'appartement du Roi, et l'autre à celui des Princesses; ils y restaient pendant vingt-quatre heures, à commencer du jour de leur arrivée: leur nombre fut doublé peu de jours après à chaque appartement. Le lendemain, ils faisaient partie de ce qu'on appelait le *conseil du Temple*, composé du surplus des commissaires de service. A ce conseil étaient confiées toutes les mesures d'exécution et de surveillance, dont il était tenu un régistre - journal signé par tous les commissaires, en forme de délibération, et par Cléry, en ce qui concernait les demandes faites par la famille royale, ce qui avait toujours lieu par écrit. Ce même conseil était dépositaire des clefs de sept guichets distribués depuis le bas de l'escalier de la grande tour jusqu'à la plateforme, ainsi que des portes extérieures de chaque appartement, qui ne s'ouvraient, pour ce qui concernait le service intérieur, que quand les commissaires qui y étaient attachés en donnaient le signal par une sonnette qui correspondait à la salle du conseil. C'étaient, d'ailleurs, ses membres qui escortaient les alimens à chaque repas. On les préparait aux anciennes cuisines du gand-prieuré, et tout ce qui les composait était soumis à l'épreuve la plus rigoureuse. Trois garçons de service, nommés *Turgi*, *Chrétien* et *Marchand*, chargés du transport de ces alimens, attendaient dans la pièce d'entrée la fin des repas, dont la desserte était destinée à Cléry, à un nommé *Tison* et sa femme, qui mangeaient ensemble depuis la mort du Roi, car auparavant Cléry avait la même table que les commissaires. Tout se reportait ensuite aux cuisines avec les mêmes précautions, et après avoir été visité par les commissaires, principalement le linge de table, et tout ce qui avait été employé à l'usage de la famille royale. Les garçons servans étaient aussi chargés, sous l'inspection des commissaires, du transport du bois de chauffage déposé

dans la tourelle gauche, ayant son entrée dans la salle à manger, pour l'appartement du Roi, et, pour celui des
Princesses, dans la chambre occupée
par Tison et sa femme. Au reste,
ceux-ci étaient préposés pour le service des Princesses; mais en même
temps, ils épiaient tous ceux qui ap-
prochaient la famille royale, même
les commissaires, dont ils dénoncèrent
quelques-uns; comme on le verra dans
la suite de cette relation (1).

____

(1) Ayant monté la garde au Temple au commencement de septembre 1792, et ayant été placé fac-
tionnaire à un poste de la petite tour, à l'étage occupé
par le Roi, le désir d'être utile à la famille royale
m'avait fait observer avec beaucoup d'attention la
distribution du local, et adresser même quelques
questions à Tison; il s'en rappela lorsqu'il me vit
paraître au Temple comme officier municipal. J'ai su
depuis par Cléry, auquel il s'en ouvrit alors, qu'il
voulait me dénoncer, d'après les premiers soupçons
qu'il avait conçus sur mon compte, mais Cléry parvint à l'en détourner.

Tel est le régime que j'ai vu établi au Temple.

Lorsque j'y arrivai, le 5 décembre, la Commune n'ayant donc pas encore arrêté d'attacher deux commissaires à la fois auprès du Roi et des Princesses, l'appartement de Sa Majesté m'échut par le sort. Le Roi était couché : un lit de sangle placé en travers de la porte de sa chambre, était disposé pour moi. J'y passai la nuit dans une vive agitation ; un mélange de crainte, d'attendrissement et de respect en était la cause ; aussi, Cléry me trouva sur pied lorsqu'il se présenta vers les six heures et demie du matin pour entrer chez Sa Majesté, où je le suivis.

Auprès du lit du Roi, à découvert, était celui de Monsieur le Dauphin, que notre entrée n'éveilla point. Le Roi écarta son rideau, et ses premiers regards se fixèrent sur moi. Comme je paraissais devant lui pour la première fois, et que d'ailleurs on venait de refondre la Commune, il était naturel que je fusse pour Sa Majesté un objet d'attention. Pendant cette scène muette, Cléry allumait le feu. En se levant, le Roi passa une robe de chambre : il fut chaussé étant assis sur le bord de son lit, et se rasa lui-même. Cléry fit le reste de sa toilette (1), et ensuite celle de Monsieur le Dauphin, qui en s'é-veillant, et l'orsqu'on l'habillait, s'était livré à ces saillies et à ces badinages si intéressans de l'enfance, dans lesquels il avait une grâce particulière. Le Roi souriait tristement, et laissait échapper sur son fils toute la tendresse d'un regard paternel. Enfin, Monsieur le Dau-

---

(1) La garderobe de Louis XVI, au Temple, était composée de deux habits semblables, qu'il mettait alternativement. Ils étaient de couleur maron-pâle mélangé, et doublés d'une toile fine écrue : les boutons étaient de métal doré, à filigrane. Quelques vestes de piqué blanc, des culottes de drap de soie noir et une redingote de couleur cheveux de la Reine, formaient le surplus de cette garderobe.

phin étant habillé, fit sa prière sous les yeux de son auguste père, qui aussitôt après alla, selon son usage, se recueillir dans le cabinet pratiqué dans la tourelle qui lui servait d'oratoire, où il resta environ un quart d'heure. C'est pendant ce temps-là qu'ayant ouvert un livre que le Roi parcourait lorsqu'on le coiffait, je vis que c'était un volume du Mercure de Visé, dont un recueil faisait partie du peu de livres rassemblés sur les demandes successives de Sa Majesté.

Toute cette première scène m'a vivement pénétré. On y voit avec quelle simplicité le Roi en agissait dans son intérieur, combien il était susceptible des affections de la nature, et avec quelle exactitude il remplissait ses devoirs privés. Il était impossible que des habitudes si pures ne tinssent pas à un caractère vertueux; et qui peut douter que ce ne fût celui de Louis XVI!

Le moment du déjeuner arriva : on

le servait ordinairement chez les Princesses, où le Roi monta avec son fils. Ce n'était pour Sa Majesté qu'une occasion de se réunir avec les siens ; elle se tint debout sans rien prendre. Tous les commissaires étaient présens à ce repas, et Cléry y assistait pour le service. Tison et sa femme étaient dans leur chambre, séparée de la pièce d'entrée où la famille royale était réunie, par une cloison vitrée, qui les mettait à portée de tout observer. La Reine, Mme Elisabeth et la jeune Princesse avaient leur habillement du matin, qui consistait dans une robe de basin blanc. Un simple bonnet de linon était leur coiffure habituelle. Elles quittaient la robe du matin pour un vêtement de toile fond-brun à petites fleurs, qui fut leur unique parure de la journée, jusqu'à la mort du Roi, que toute la famille prit le deuil.

Immédiatement après le déjeuner, le Roi descendit chez lui avec Monsieur le

Dauphin, accompagné de Cléry, qui se retira dans sa chambre, et de moi, qui me tins dans la pièce d'entrée où j'avais passé la nuit. La porte de Sa Majesté était ouverte. Jusqu'à l'heure de la promenade, le Roi employa le temps à donner une leçon de géographie à Monsieur le Dauphin, et à une lecture particulière. Durant cette lecture, le jeune Prince allait de la chambre de son auguste père à la pièce où je m'étais tenu par respect près d'un poêle de faïence qui conservait un reste de chaleur du feu qu'on y avait allumé le matin, et qu'on n'avait pas entretenu, ainsi que celui du Roi, quoiqu'il fît assez froid, parce que cela entrait dans le régime de Sa Majesté. Je parcourais ainsi un Tacite que j'avais pris dans un placard de l'anti-chambre, où quelques livres à l'usage du Roi étaient rassemblés. Le jeune Prince vint voir ce que je lisais, et j'entendis qu'il dit à Sa Majesté, en revenant auprès d'elle : *Mon papa, ce monsieur-là lit Tacite*. Le Roi en prit l'occasion, environ un quart d'heure après, de m'adresser la parole sur cette lecture, et voulut bien approuver quelques observations que je fis sur ma manière de saisir le sens de cet auteur.

A mesure que cette première journée s'avance, des scènes d'un nouvel intérêt se présentent, et celle de la promenade ne fut pas une des moins attachantes. Elle se faisait encore au jardin du Temple, dans une allée de marronniers qu'on n'avait pas détruite. En prenant cette faible distraction, la famille royale était accompagnée de tous les commissaires, dont la plupart se tenaient sur le même rang qu'elle. Cléry occupait séparément le jeune Prince de différens jeux, et l'exerçait à la course. Je méditais, à part, en le voyant ainsi, sur l'abandon de son âge, qui contrastait si sensiblement pour

moi avec les inquiétudes de ses augustes parens, et le maintien qu'ils
étaient obligés de garder dans une aussi
cruelle position. Madame Elisabeth, qui
avait remarqué ce que j'éprouvais alors,
d'après l'attention mélancolique avec
laquelle je suivais les mouvemens du
jeune Prince, daigna me le dire dès
qu'elle en trouva le moment, et voulut
bien m'en remercier. Le tendre atta-
chement de cette vertueuse Princesse
pour sa famille captive, et dont elle
avait voulu partager les malheurs, la
rendait ainsi attentive et ingénieuse à
démêler ceux d'entre les commissaires
dont les égards et la conduite annonçaient quelque humanité, et elle ne dé-
daignait pas de les y encourager par la
reconnaissance qu'elle leur en témoignait.

Le dîner, qui se servait dans l'appartement du Roi, me présenta sous un
nouvel aspect la réunion de la famille
royale. Le service était encore délicat

et soigné. Les augustes détenus en usè-
rent avec la plus grande sobriété. Les
Princesses et M. le Dauphin ne bu-
vaient que de l'eau ; le Roi en mélan-
geait beaucoup son vin, et ne se per-
mit, au dessert, qu'un seul verre de
vin de liqueur. Son adresse à découper
les viandes était remarquable, et il en
était de même des ouvrages de main,
dont il faisait une partie de ses distrac-
tions dans des temps plus heureux. La
famille parla peu ; la présence des commissaires rendait cette réserve nécessaire. Quant à moi, le rôle que je m'é-
tais imposé me tourmentait par l'amère
réflexion que je contribuais aussi à
porter la gêne de l'auguste famille jusqu'à ses repas. Cette situation était
vraiment déchirante.

Ce jour là, à leur sortie de table,
Leurs Majestés firent un piquet à écrire.
Il survint un coup auquel je crus m'a-
percevoir qu'elles attachaient un au-
gure qui me parut s'appliquer à l'issue

de leur position actuelle. La Reine avait conduit le Roi à ses deux dernières cartes, qui étaient deux as, du choix desquels dépendait un capot, et le Roi, après avoir hésité quelque temps, se défit de la carte qui le lui aurait évité. Le résultat que ce coup semblait annoncer répandit dans les regards, et sur le visage de la Reine, une expression d'attendrissement et de douleur qui confirma mon observation. Le Roi n'y répondit que par un sourire de résignation. Hélas ! cette curiosité inquiète qui, dans le malheur, transforme tout en présage, est une faiblesse qui confond tous les rangs, parce qu'il n'en est aucun à l'abri des revers. Mais ici elle avait un objet bien touchant et bien respectable, par les justes craintes que les augustes captifs avaient mutuellement sur leur sort, et qui se réalisèrent d'une manière si funeste !

Durant cette même partie, Santerre, commandant de la garde nationale de

Paris, qui s'était arrogé le droit de vérifier l'existence de la famille royale au
Temple, fut introduit; son maintien
avait assez de liberté, et il affecta même
d'y mettre une sorte de gaîté. Sa présence fit sur Mme Élisabeth, MADAME
royale et M. le Dauphin, une impression
d'horreur qui se manifesta dans tous
leurs traits. Le jeune Prince et MA-
DAME interrompirent aussitôt une partie de siame dont ils étaient occupés.
Le Roi et la Reine seuls conservèrent
du sang-froid, et le Roi prit même sur
lui d'adresser à Santerre quelques paroles. Heureusement que la visite de
cet homme fut courte. Sa sortie soula-
gea toute l'auguste famille, et me dé-
livra moi-même d'un poids insuppor-
table.

J'arrive au moment de cette journée
où je pus faire connaître aux Princesses
les intentions qui m'avaient conduit au
Temple. Le Roi était resté chez lui, et
les Princesses étaient remontées à leur

appartement, où je devais remplacer
le commissaire de service, qui était à
dîner, et qui en avait fait de même pour
moi à l'appartement du Roi. Dès que
les Princesses furent réunies chez la
Reine, je m'empressai de leur déclarer
que je ne paraissais ainsi devant elles
que pour leur offrir toutes les preuves de mon dévoûment. La Reine et
Mme Élisabeth daignèrent répondre à
cette ouverture avec une bonté touchante. La Reine me questionna ensuite sur mon nom et ma famille ; je
pus lui dire que, du côté de ma mère,
je descendais de parens qui avaient été
attachés à la maison de Lorraine, et
qu'un oncle mort capitaine au service
de son auguste mère, était filleul du
duc Léopold, son aïeul. C'est lors de
cet entretien, que Mme Élisabeth voulut bien m'apprendre l'observation
qu'elle avait faite à mon égard à la promenade. Comme Tison et sa femme
étaient à portée de pouvoir entendre la

conversation, elle se fit à voix basse.
Je dois dire que les Princesses avaient
beaucoup plus que moi la crainte de me
compromettre, et qu'elles me le témoi-
gnèrent avec une bonté et une délica-
tesse admirables.

Le jour suivant, je payai le bonheur
que je venais d'obtenir, par une des
situations les plus douloureuses de ma
vie. Je veux parler de celle où Cléry
me met en scène, pages 105 et 106 de
son Journal. Je ne peux que le copier
ici : « Le 7 décembre, dit-il, un muni-
« cipal, à la tête d'une députation de
« la Commune, vint lire au Roi un ar-
« rêté qui ordonnait d'ôter aux détenus
« couteaux, ciseaux, canifs, et tous
« autres instrumens tranchans dont on
« prive les prisonniers présumés cri-
« minels, et d'en faire la plus exacte
« recherche, tant sur leurs personnes
« que dans leurs appartemens. Pendant
« cette lecture, le municipal avait la
« voix altérée. Il était aisé de s'aperce-

« voir de la violence qu'il se faisait à
« lui-même, et il a prouvé depuis, par
« sa conduite, qu'il n'avait consenti à
« être envoyé au Temple que pour
« chercher à être utile à la famille
« royale. »

Le fond de ce récit est exact; seulement Cléry a commis une petite erreur,
en introduisant auprès du Roi une députation de la Commune, pour exécuter
l'arrêté dont il parle. Ce furent les commissaires de service ce jour-là au Temple, où cet arrêté avait été apporté la
veille, au soir, qui le notifièrent au Roi
et aux Princesses, et je fus choisi, bien
malgré moi, pour leur en donner lecture. J'avais prévenu Cléry de cette nouvelle mesure, pour qu'il en avertît le
Roi, et il fut présent à la contestation
que j'eus à ce sujet avec le nommé *Sermaize* (1), qui me reprocha ma mollesse

____

(1) Ce municipal était un ancien procureur au

dans cette circonstance. Cela ne m'empêcha point d'appuyer Cléry contre ce même Sermaize, qui voulait le contraindre d'ôter au Roi le nécessaire de poche qui lui était resté. J'en fis sentir l'inconvenance aux autres commissaires, et Sermaize prit sur lui d'exécuter la mesure, comme on en voit le détail, pages 108 et 109 du Journal de Cléry. Du reste, ce fut moi également qui mis fin à la contestation qui s'était élevée entre les commissaires, au sujet des couteaux et des fourchettes dont quelques - uns d'eux voulaient que l'on privât la famille royale à ses repas, et qui les déterminai à laisser subsister les choses à peu près sur l'ancien pied. Le même jour 7 décembre, je provoquai un arrêté du conseil du Temple, pour ré-

---

Parlement. Son véritable nom était Guillaume Leroi, qu'il changea, depuis le 10 août, pour celui de Sermaize, village de Champagne, son lieu de naissance.

primer la féroce insolence d'une es-
pèce de guichetier nommé *Rocher*, depuis long-temps en possession d'ou-
trager la famille royale , et particulièrement les Princesses, à leur passage. Il
lui fut défendu de réitérer ces insultes.
Je fis aussi interdire l'entrée de la tour
à d'anciens membres parasites de la
Commune du 10 août , qui s'étaient
maintenus jusqu'alors à prendre leurs
repas avec les commissaires de service, sans autre titre que la crainte qu'ils
inspiraient , et qui s'immisçaient même
d'influencer le conseil, toujours d'une
manière oppressive pour la famille
royale. J'employai , pour obtenir leur
exclusion , des motifs d'ordre et d'éco-
nomie. La délibération qui fut prise à
ce sujet, a été rédigée par moi. C'est
la seule à laquelle j'ai coopéré au Temple.

La Reine et Mme Élisabeth, qui avaient
remarqué combien la mesure à laquelle
j'avais été obligé de prendre part m'a-

vait été pénible, daignèrent me dire que
je devais m'y croire étranger, et vou-
lurent bien saisir la première occasion
de me rassurer à cet égard.

La journée du 7 décembre finit par
un trait qui prouve la mémoire extraordinaire dont le Roi était doué, et en
même temps son extrême bonté. Après
le souper, et que les Princesses eurent
remonté à leur appartement, la plupart
des commissaires étaient restés dans
celui du Roi, et l'avaient suivi dans sa
chambre à coucher, où, malgré ce qui
s'était passé le matin, il leur fit, sur
eux et leur famille, les questions les
plus obligeantes. Ayant ainsi adressé la
parole à l'un d'eux, homme fort in-
signifiant, il lui dit, lorsqu'il se fut
nommé, qu'il devait avoir été électeur
de sa section en 1791, et cela était vrai.
Ce trait de mémoire est d'autant plus
remarquable, qu'il a fallu que le Roi
rapprochât aussitôt le nom de cet
homme d'une liste d'électeurs assez an-

cienne ; que celui-ci convînt qu'il ne l'a-
vait été que cette seule fois, et qu'ayant
été nommé tout récemment à la Commune, son nom ne pouvait être familier
à Sa Majesté. Ce trait prouve aussi que
le Roi n'oubliait rien de ce qui avait
rapport aux affaires du temps. Je fus
le dernier auquel il adressa la parole. Sa Majesté le fit avec un regard
qui m'annonçait qu'elle avait connaissance de mon entretien avec les Princesses, et qu'elle m'en savait gré.

Peu de temps avant, la séparation de
la famille royale s'était faite, comme la
veille, avec l'expression touchante des
sentimens qui l'unissaient. Le Roi tendit
la main à la Reine et à Mme Élisabeth,
et la leur serra ; il embrassa sa fille et
M. le Dauphin, qui restait encore avec
son père, dont il était si près d'être privé, alla dans les bras des trois Princesses recevoir et leur rendre les dernières caresses de la journée.

Voilà ce que j'ai vu les deux premières journées que j'ai passées au Temple. Quelques-uns de ces détails paraîtront peut-être peu importans ; mais dans une telle circonstance, tout m'a paru remarquable ; tout y a reçu pour moi l'empreinte des hautes infortunes dont j'ai été témoin.

Mon service au Temple fut interrompu pendant plus de trois mois, par ma nomination à l'une des quatre places d'administrateur des domaines, finances et contributions de Paris. Cette fonction dispensait, par le travail qui y était attaché, de toute autre commission. J'allais seulement au Temple avec un municipal nommé *Toulan*, y arrêter le compte des dépenses dont un autre membre de la Commune , nommé *Cayeux*, était chargé conjointement avec nous. Ce dernier s'occupait de tous les détails, que Toulan et moi ne faisions que vérifier. Cléry fait de Toulan une mention fort honorable dans son Journal. Il fut impliqué dans le procès de la Reine, avec plusieurs autres officiers municipaux et moi ; traduit ensuite, avec nous, au tribunal révolutionnaire, mais par contumace, parce qu'il s'était réfugié à Bordeaux, où il fut découvert, ramené à Paris et exécuté (1).

Le 11 décembre, un décret de la Convention avait ordonné que le Roi serait traduit à sa barre, et que la Com-

____

(1) On a fait figurer Toulan dans le *Cimetière de la Madeleine* de la manière la plus absurde et la plus invraisemblable pour ceux qui l'ont connu, en attribuant les services qu'il a pu rendre à la famille royale, à des sentimens aussi imaginaires que déplacés. Le rôle que l'on y fait jouer à Manuel est tout aussi romanesque. Cet ouvrage parut dans un temps où la politique du gouvernement s'attachait à dénaturer ce qui s'est passé au Temple, et surtout le noble caractère des augustes victimes. Il ne serait pas étonnant qu'il eût été commandé dans cette intention, de même qu'une parodie du Journal de Cléry, qui fut très-répandue dans le temps par la police du Directoire.

mune de **Paris** était chargée de sa translation. Le maire et un certain nombre
de municipaux tirés au sort, parmi lesquels je me trouvais, devaient former
le cortége, ainsi que le procureur de la
Commune et le secrétaire-greffier. On
arriva vers midi au Temple, et à une
heure, Chambon (1), maire de Paris,
que j'ai connu sous des rapports honora-
bles; Chaumette, procureur de la Commune ; Coulombeaux, secrétaire-greffier, plusieurs municipaux et moi mon-
tâmes chez le Roi, ainsi que Santerre
et ses aides de camp. Chambon, avec
qui j'étais lié, m'avait prié de ne pas le
quitter dans cette circonstance, et j'a-
vais cru devoir ne pas m'y refuser, mal-

---

(1) Chambon était un médecin connu par un ouvrage estimé sur les maladies des femmes. Il ne con-
venait pas aux meneurs du temps, dont il contrariait
avec fermeté les mesures. Peu de temps après la
mort du Roi, il donna sa démission, et fut remplacé
comme maire de Paris par Pache, qui venait d'être
ministre de la guerre.

gré ma douleur, dans l'espérance de pouvoir donner quelqu'avis au Roi, touchant la découverte des papiers sur lesquels on voulait établir son procès. A notre arrivée, le Roi était debout au milieu de l'antichambre. On venait, dans la matinée, de lui ôter son fils, qu'il avait vainement réclamé. Le maire, d'une voix émue, lui annonça l'objet de sa mission, et Coulombeau lui donna la lecture du décret. Le détail de cette scène est parfaitement exact dans le Journal de Cléry. L'observation que fit le Roi sur le nom de *Capet* que lui donne le décret; ce qu'il dit sur sa séparation d'avec son fils, ainsi que sa protestation contre la violence exercée sur lui-même au nom de la Convention, sont rapportés par Cléry dans les propres paroles dont se servit Louis XVI. Le maire, auquel il s'adressait, ne put que garder le silence, et, comme il me l'a dit le même jour, respecter la douleur d'un père, et la juste indignation d'un

Roi réduit, par des factieux, à un tel abaissement. Descendue de son appartement, et parvenue au bas de la tour où se trouvait le carosse du maire, Sa Majesté s'y plaça dans le fond, ayant le maire à sa droite ; Chaumette et Coulombeau occupèrent le devant.

Pendant tout le trajet, jusqu'à la porte des Feuillans, où la voiture s'arrêta, et où le Roi descendit, je ne quittai point la portière du côté de Sa Majesté. On prit le chemin de la salle du Manége, en traversant le cloître des Feuillans. Le Roi avait à sa droite le maire de Paris, et moi à sa gauche. Je ne pus lui témoigner mes regrets et le désir de lui faire quelques communications, que par quelques regards auxquels il daigna répondre en me fixant, ainsi qu'il avait fait à ceux que je lui avais adressés dans le même sens durant le chemin.

Arrivée à la barre de la Convention, où un siége lui était préparé, Sa Majesté s'assit en face du président. La barre était d'ailleurs remplie par plusieurs des officiers municipaux, parmi lesquels j'étais, et par des généraux.

Barrère présidait la Convention. Il lut les chefs d'accusation, en adressant la parole au Roi, et en l'interpellant de répondre à chacun d'eux. Valazé, membre de la commission du procès, de l'autre côté de la barre, présentait à Sa Majesté les pièces, à mesure qu'elles concernaient un chef d'accusation. Le Roi répondit à tout avec une précision et une justesse rares, et sans la moindre hésitation. Comme j'étais à portée de suivre tous ses mouvemens, j'ai pu remarquer qu'en recevant chaque pièce de Valazé, sa main était ferme. Il les discuta avec le plus grand sang-froid, en reconnut qui n'étaient, en grande partie, que des projets qui lui avaient été adressés par différentes personnes, dont il n'avait été fait aucun usage, et qui ne pouvaient, à son égard, motiver aucune accusation. Le Roi déclara, sur beaucoup de pièces, qu'il ne les reconnaissait point. J'ai surtout été touché de sa réponse à l'accusation d'avoir fait distribuer différentes sommes dont on produisait les états. *Ces paiemens, dit ce Prince, étaient faits à des personnes que les évènemens avaient réduites à la nécessité, et je n'avais pas, autrefois, de plus grand plaisir que de soulager les malheureux.* Louis XVI fut sublime dans cette discussion. Mais je m'aperçus que cette dignité et ce talent auxquels beaucoup de conventionnels ne s'attendaient pas, leur causèrent un étonnement qui me parut les déterminer d'autant plus à poursuivre leur attentat. Effet étrange des qualités de ce Monarque infortuné, qui, par la perversité de ses ennemis, n'ont fait que tourner à sa perte !

La séance se prolongea jusqu'à cinq heures, et le Roi fut reconduit au Temple. Le maire de Paris m'avait dit que l'administration de police avait été avertie qu'il se préparait quelques mouvemens ; mais rien n'éclata à portée du cortége pendant le trajet du Temple à la Convention, et au retour.

Je ne dois pas omettre, après ce récit de la première comparution de Louis XVI à la Convention, un trait d'aménité inouï dans une pareille position. Le maire de Paris, qui, comme je l'ai dit, était dans sa voiture, à la droite du Roi, tenait une tabatière sur laquelle était une miniature qui fut remarquée par Sa Majesté. Ce Prince lui ayant demandé si c'était le portrait de son épouse, ajouta, sur la réponse affirmative du maire, qu'il le félicitait d'avoir une compagne aussi aimable. Le Roi avait sans doute remarqué combien la position du maire lui était pénible. Il voulut le lui faire connaître par ce trait de bonté.

Le 26 décembre, Louis XVI fut de nouveau conduit à la barre de la Convention, et je fus encore du nombre des officiers municipaux tombés au sort pour l'accompagner. Pendant le trajet, je me tins toujours à sa portière, et je ne pus, comme la première fois, que lui témoigner par mes regards les nouveaux regrets dont j'étais pénétré. Après avoir attendu l'ouverture de la séance dans la salle des pétitionnaires, où le Roi trouva ses trois défenseurs, Sa Majesté fut introduite avec eux à la barre. M. Desèze prononça le discours que l'on connaît, et obtint le plus grand silence. Cette défense éloquente étant terminée, le Roi, qui était demeuré assis, se leva, et lut un petit écrit qu'il ne pût terminer sans émotion. Il venait de dire *que peut-être il parlait ainsi pour la dernière fois!* La séance levée, Sa Majesté fut reconduite dans la salle des pétitionnaires, où ses défenseurs conférèrent avec elle jusqu'à ce qu'elle fut ramenée au Temple, vers les cinq heures du soir.

Le Roi descendit de voiture à la porte du principal pavillon, ayant toujours le maire de Paris à sa droite, et moi à sa gauche. Dans le trajet du pavillon à la grande tour, Sa Majesté saisit l'instant de me faire, à voix basse, un remercîment, et ajouta plus haut, pour donner à ce qui se passait un air d'indifférence, que *j'avais dû trouver bien de la boue en route.* Je répondis, dans le même sens, *que les ruisseaux avaient lavé mes bottes;* car il avait plu ce jour-là. Un municipal nommé *Sabarrou*, chirurgien de profession, qui suivait, ayant entendu quelque chose de ce petit dialogue, et remarqué que le Roi m'avait parlé plus bas, me dénonça au conseil du Temple, lorsque nous eûmes remis ce Prince à son appartement, comme ayant eu avec lui un entretien suspect. Mais le maire, par ses observations sur le vague de cette dénonciation, et moi, par quelque fermeté, la réduisîmes à une vaine déclamation qui n'eut point de suite..... Je n'ai plus revu le Roi!

Le 21 janvier 1793, jour à jamais déplorable, tous les membres de la Commune avaient été convoqués pour huit heures du matin. De son côté, l'état-major, présidé par Santerre, préludait par un déjeuner à la scène de cette épouvantable journée ; Chaumette et Hébert étaient de cette orgie. J'ai su que Santerre y témoigna de l'inquiétude sur sa mission, et paraissait y craindre du danger.

Dans le même temps, le conseil-général délibérait sur le choix de ceux de ses membres qui devaient assister à l'exécution, et si le scrutin ou le sort en déciderait. Il est certain que le plus grand nombre des membres du conseil avait un véritable effroi d'assister à cette horrible exécution, et que, pour mettre fin aux débats qui se prolongeaient à ce sujet, deux prêtres s'offrirent! C'étaient Jacques Roux et Pierre Bernard. Ce dernier, ancien génovéfain, ne s'était pas fait remarquer par trop d'exagération ; il crut probable-

ment, au milieu des idées qui domi-
naient, avoir besoin de donner cette
garantie de son *patriotisme.* Il a péri
avec Robespierre. Pour Jacques Roux,
prêtre habitué de la paroisse de Saint-
Nicolas-des-Champs, il s'était fait connaître par les opinions les plus violen-
tes; il était généralement détesté, et a
fini par être enfermé à Bicêtre, où il
a terminé ses jours par le suicide. Ces
deux hommes sont un terrible exemple
des excès où se laissent entraîner ceux
qui, en violant tous leurs devoirs,
prennent un rôle dans les révolutions
ou dans les partis : il est toujours extrême; c'est l'effet naturel des apos-
tasies de tous genres.

On a également remarqué, le 20 janvier, veille de la mort du Roi, l'extrême
répugnance de beaucoup de membres
du conseil-général à aller au Temple
lorsqu'il a fallu choisir ceux qui devaient ce jour-là y être de service. Des
hommes odieux et redoutés, excités par

l'atroce curiosité de voir le Roi après
son jugement, et peut-être par le besoin
de le tourmenter encore, se présentèrent, et il fallut les choisir. Louis XVI
a donc vu ajouter à ses douleurs, d'être
entouré d'ennemis à ses derniers momens, et d'être privé de ceux d'entre
les commissaires qui auraient pu les
adoucir par des témoignages d'intérêt
et leur humanité. Je peux affirmer que
je me serais consacré à ce devoir cher
et funeste, si j'avais pu m'offrir avec
quelque espérance d'être accepté, et si
mes fonctions d'administrateur ne m'a-
vaient pas écarté du service du Temple.
J'ai amèrement regretté de n'avoir pu
donner au Roi cette dernière preuve
de mon dévoûment.

Beaucoup de membres de la Commune qui ont vu la famille royale au
Temple, se sont réellement montrés
sensibles à ses malheurs; car il était
difficile de ne pas en être touché. A
l'exception de ceux avec lesquels je m'y

suis trouvé de service la première fois, je n'y ai guère vu les deux autres que des hommes honnêtes, mais faibles, que la crainte et les évènemens avaient maîtrisés. Je citerai pour exemple Vincent, dont Cléry parle avec éloge, et qui l'a mérité. Il a été impliqué dans le procès de la Reine, et traduit ensuite au tribunal révolutionnaire, d'où il fut, après son acquittement, renvoyé à ses fonctions au conseil-général de la Commune. La fatalité a voulu qu'il y restât malgré lui sous Robespierre, avec lequel il a péri comme un de ses complices. Cet autre exemple prouve que les circonstances où l'on s'est trouvé pendant la révolution, ont difficilement permis de se faire une règle de conduite, et que, presque toujours, elles nous ont entraînés par leur violence. On peut d'autant moins douter de ce que je viens de dire de plusieurs membres de la Commune, que Louis XVI a bien voulu leur rendre ce témoignage

à la fin de son testament; ma consolation a toujours été de pouvoir me dire
que j'ai fait en sorte de le mériter.

La destinée a aussi voulu que je fusse
un des premiers qui connurent ce testament, monument précieux du meil-
leur des Rois. Le 21 janvier 1793, le
maire de Paris, le vice-président de la
Commune et le parquet, étaient fort
occupés de plusieurs mesures à l'administration de police : le conseil-général
était permanent, et divers de ses membres se succédaient au fauteuil, où je
présidais par hasard, lorsque des commissaires du Temple apportèrent à la
Commune le testament du Roi. C'est à
moi qu'ils le remirent, et j'en fis d'abord
la lecture à part. Comme il s'agissait
de contresigner cette pièce intéressante,
et d'en donner la décharge aux commissaires, je ne pus me résoudre à
figurer ainsi dans une circonstance qui
était pour moi un si vif sujet de regrets,
et je remis le fauteuil à un membre du

conseil, nommé *Scipion Duroure*, qui, en prenant la présidence, contresigna l'acte précieux, et en donna la décharge. Le testament de Louis XVI est écrit sur une feuille de papier de lettre qu'il remplit entièrement, de manière que l'apostille de Duroure, qui se trouve, à ce que je crois me rappeler, sur la première page, a eu beaucoup de peine à trouver sa place. Il a d'abord été déposé au secrétariat de la Commune (1).

---

(1) Ayant appris par les papiers publics que l'on était à la recherche du testament de Louis XVI, j'adressai le 9 mars 1816, de Lille, où j'étais alors, les renseignemens que l'on voit ici, à M. Charlet, secrétaire des commandemens de S. A. R. MADAME, duchesse d'Angoulême, qui me répondit le 18 du même mois, en ces termes :

« J'ai reçu la lettre que vous m'avez fait l'honneur
« de m'adresser, et les renseignemens exacts et pré-
« cieux qu'elle contenait. Je me suis empressé de les
« mettre sous les yeux de S. A. R. MADAME, du-
« chesse d'Angoulême, qui m'ordonne de vous faire
« connaître qu'elle est fort touchée du zèle que vous

D'après ce même testament, il doit en exister un double : on le croit enrichi de notes précieuses, et j'ai cru long-temps que le Roi l'avait remis à M. de Malesherbes.

Vers le milieu de février, les sections de Paris formèrent la municipalité dé-finitive, et j'y fus nommé par la mienne; mais j'en fus exclu par le club électoral, composé de l'élite de la société des ja-cobins, et qui s'était attribué l'épura-tion de tous les fonctionnaires à la no-mination du *peuple*. Cette exclusion, qui me faisait sortir du corps municipal, ainsi que des fonctions d'administra-teur, me ramena à être simplement membre du conseil-général, dont je continuai de faire partie jusqu'au 31

« avez mis à faire connaître des détails aussi essen-
« tiels. Lorsque votre lettre m'est parvenue, le tes-
« tament du Roi Louis XVI était déjà trouvé, et
« tous les points recognitifs indiqués dans votre lettre
« avaient été reconnus. »

mai, parce que, jusqu'à cette époque, on y conserva indistinctement ceux qui y avaient été portés à la municipalité provisoire, sous le prétexte de la multiplicité des opérations et du besoin de nombreux coopérateurs. J'ai été ainsi redevable au club électoral de paraître encore deux fois au Temple comme commissaire.

J'y reparus ainsi à la fin de mars 1793. Aussitôt que la Reine me vit, elle voulut bien me faire connaître qu'elle me reconnaissait, et elle me le répéta plusieurs fois, à voix basse, lorsque je me fus approché d'elle. Madame Elisabeth témoigna de même de la satisfaction à me revoir; mais gêné par la présence d'un deuxième commissaire attaché avec moi à l'appartement des Princesses, je mis tous mes efforts à cacher l'émotion que j'éprouvais de me retrouver en leur présence, et d'en être traité avec tant de bonté. Cléry était fixé auprès du jeune Prince depuis la mort du Roi, et se tenait, pour cette raison, dans l'appartement, où il partageait son service entre l'auguste enfant et les Princesses. Je revis aussi Tison et sa femme, qui ne quittaient jamais leur chambre, et empêchaient, par leur voisinage et leur surveillance, presque toute communication orale dans l'appartement. Tout ce que je pus faire ce jour-là, fut de me hasarder à suivre Madame Élisabeth, qui était entrée dans sa chambre, où je lui renouvelai l'hommage de mon dévoûment et l'instante prière de le mettre à l'épreuve. *Nous sommes sensibles*, me dit cette Princesse, *aux preuves que vous nous en avez déjà données; nous n'en demandons pas davantage; ne vous exposez point; vous voyez comme tout ce qui nous approche est surveillé.* Ce sont-là les propres paroles de Madame Élisabeth, auxquelles elle daigna ajouter des témoignages de bonté et de confiance dont je ne perdrai jamais le souvenir.

J'ajouterai seulement, sur cet entretien, que Madame Elisabeth y manifesta toute la sollicitude de sa tendresse pour son auguste famille (1). Ce qui en existait encore au Temple, avait jusqu'alors trouvé le principal adoucissement à ses peines dans un concert d'affection, et de sensibilité pour tout ce qui lui appartenait. Mais, cette consolation devait être de courte durée ; et la Princesse, qui, si jeune encore, avait déjà partagé tant de souffrances, allait bientôt, dans un cruel isolement, être réduite à ses tristes souvenirs, et livrée à tout le sentiment de tant de nouvelles douleurs (2)! Au reste,

____

(1) *Bonté divine!* c'était l'exclamation favorite de Madame Elisabeth. Elle y mettait une expression où l'on voyait toute la pureté et la candeur de son âme.

(2) Madame Royale, séparée successivement de la Reine et de Madame Elisabeth, fut abandonnée dans l'ignorance de leur sort et au milieu de toutes les privations , à une solitude absolue pendant plusieurs mois. Si elle fut traitée avec quelques

les regrets que l'auguste famille captive
me parut conserver de la perte du Roi,
avaient la noble empreinte de sa résignation. Cette dignité de la douleur
était au-dessus de la portée de quelques commissaires, qui se permirent
de la calomnier.

Dès mon premier séjour au Temple,
je m'étais aperçu de l'intelligence qui
existait entre Cléry et Turgi pour ins-
truire de bien des choses la famille
royale, et je m'étais proposé de la favoriser à leur insu. Cette fois-ci, je
saisis l'occasion du besoin que les cheveux du jeune Prince avaient d'être éta-
gés et rafraîchis, pour faire appeler
Turgi, que je savais pouvoir en être
chargé, et lui donner, pendant qu'il
s'en occuperait, le moyen de faire quelques communications soit à la Reine,

---

égards depuis la mort de Robespierre jusqu'à son
échange, la Princesse eut, hélas! alors la doulou-
reuse certitude de toutes ses pertes.

soit à Madame Elisabeth, qui dirigeaient cette coupe de cheveux, dont Cléry et moi tâchions d'éloigner les commissaires, qui, suivant l'usage, avaient tous été présens au dîner, après lequel ceci se passait immédiatement. Heureusement que parmi ces commissaires s'en trouvaient plusieurs, tels que Michonis, Beugnot et Etienne, qui étaient incapables d'outrer la surveillance dans cette circonstance : sans nous le dire, nous nous entendions tous assez là-dessus ce jour-là, surtout mon honnête collègue de service auprès des Princesses, dont je regrette d'avoir oublié le nom. Je me souviens seulement qu'il était maître paveur, et de la section des Invalides : je vis, par un sourire qu'il m'adressa, qu'il avait deviné mon intention, et qu'il la partageait.

Ce que j'ai pu faire cette seconde fois-ci au Temple, se borne à ce que je viens de rapporter, et à avoir procuré aux Princesses quelques livres de

la bibliothèque du Grand - Prieuré,
qu'elles avaient paru désirer.

Environ douze jours après, je fus
envoyé pour la dernière fois de service
au Temple. Les deux jours que dura
ce service se passèrent avec assez d'uni-
formité. Les communications avec les
Princesses étaient presque toujours im-
praticables dans l'intérieur de l'appartement, par la surveillance inquiète de
Tison, et j'y étais réduit à des égards
presque muets, mais respectueux. C'est
ce qui me fit, le dernier jour, proposer
à la famille royale de prendre l'air sur
la plate-forme de la tour, où j'espérais
obtenir avec plus de facilité un entretien avec les Princesses. Cette propo-
sition ayant été acceptée, la Reine, en
sortant de l'appartement, présenta la
main pour monter au haut de la tour,
à un municipal nommé *Minier*, jouail-
ler sur le quai des Orfèvres. Cette auguste Princesse, présumant, dans son
extrême bonté, que cette préférence

avait pu me faire de la peine, daigna me dire, aussitôt qu'elle en eut la liberté, qu'elle en avait agi ainsi dans la crainte de me compromettre.... C'était m'accorder mille fois davantage, et bien au-delà de tout ce que je pouvais mériter.

Tous les commissaires assistaient encore à cette promenade, hélas! bien circonscrite. Parvenues à la plate-forme, la Reine et Madame Royale s'appuyèrent sur un des côtés du parapet, sous le prétexte de jouir de la vue que l'on avait de cette élévation : la Reine était placée entre MADAME et moi. Après lui avoir appris ce que je savais des nouvelles publiques, dont elle s'était informée, Sa Majesté me demanda ce que je présumais des mesures que la Convention prendrait à son égard et sur le sort de la famille royale. Je lui répondis qu'elle serait probablement réclamée par l'Empereur son neveu : que tout nouvel excès serait une horreur

gratuite, contraire à la politique, et que
la mort du Roi devait être le terme des
attentats de la Convention, qui, d'ailleurs, par sa réponse à la demande d'un
sursis faite par le Roi, avait pris l'en-
gagement de pourvoir au sort de sa famille d'une manière convenable (1).
Cette réponse, qui était la seule que je
pusse faire dans la circonstance, parut un
peu calmer les inquiétudes de la Reine :
mais elle portait principalement son espoir sur ses enfans et Madame Elisabeth,
dont l'avenir l'intéressait beaucoup plus
que le sien propre. Il faut avoir vu la
Reine dans ces abandons de bonté et
de confiance, pour se faire une idée de
l'élévation de ses sentimens et de la
beauté de son âme. La famille royale

______

(1) M. Montjoie a rapporté ce fait dans son *Histoire de la Reine*, et y rattache, dans sa dernière
édition, une note où il a pu me nommer. Je rétablis
cette partie de l'entretien tel qu'il a eu lieu en présence de Madame Royale.

était trop généreuse pour ne pas être
sensible à la conduite de ceux d'entre
les commissaires qui essayèrent d'a-
doucir sa captivité et qui surent respecter ses malheurs. La confiance que
la Reine et Madame Elisabeth témoi-
gnèrent à quelques-uns d'eux, ne doit
donc point étonner; c'était, dans une
aussi extrême infortune, le seul retour
dont elles pouvaient les payer. Il est à
remarquer que cette confiance ne fut
jamais trahie par aucun de ceux qui en
furent plus ou moins honorés. C'est autant la preuve du discernement des augustes Princesses, que de la sincérité
du dévoûment qu'elles méritaient d'inspirer.

Madame Royale était, comme je l'ai
dit, présente à cet entretien, qui roula
encore sur plusieurs personnages, entre
autres sur Barnave, dont la Reine s'in-
forma, et dont je lui appris la mort,
d'après quelques journaux qui l'avaient
annoncée, mais qui n'arriva que l'année

suivante, qu'il fut exécuté avec Duport-du-Tertre et Rabaut Saint-Etienne. Au sujet de La Fayette, la Reine me dit qu'il était une des principales causes des malheurs du Roi et des siens. En parlant enfin de tout ce qui avait entraîné Louis XVI et sa famille à ce comble d'infortune, la Reine dit qu'elle n'avait pas eu sur les affaires l'influence qu'on lui a attribuée ; mais elle s'exprima là-dessus avec beaucoup de ménagemens. La Reine ne s'en est pas moins dévouée au sort de son époux. Elle y a trouvé mille dangers, mille outrages, une longue captivité et la mort !..... Et elle a pu s'y soustraire !..... On ne saurait trop faire remarquer qu'un courage et un dévoûment si cruellement méconnus sont uniques dans l'histoire, et que Madame Elisabeth doit en partager l'honneur (1). Je profitai du même

____

(1) Marguerite d'Anjou ne partagea point la captivité d'Henri VI, mais elle put combattre pour lui.

entretien pour prier la Reine de me dire si le chevalier de Labrousse, qui était disparu depuis le 10 août, et dont la famille était inquiète, avait paru au château. Sa Majesté ne pouvant me donner ce renseignement, demanda à MADAME ce qu'elle en savait. La Princesse répondit qu'elle se rappelait d'avoir vu, le 10 août, le chevalier de Labrousse au château, entre huit et neuf heures du matin, et qu'il était à craindre qu'il n'eût été une des victimes de cette journée.

La Reine pouvait m'entretenir ainsi, parce que Madame Elisabeth, qui voulait probablement favoriser cette communication, occupait, ainsi que le jeune Prince et Cléry, les autres commissaires. D'ailleurs, comme la promenade était bornée aux quatre bords du parapet, et que le toit angulaire qui sur-

______

Henriette de France, épouse de Charles Ier, vint chercher un asile en France ; et la reine épouse de Jacques II l'y a précédé.

montait la tour tenait le milieu de la plate-forme, le côté où était restée la Reine se trouvant ainsi hors de la vue des commissaires qui accompagnaient Madame Elisabeth le long des trois autres bords du parapet, Sa Majesté avait pu me parler avec plus de sûreté.

Je ne dois pas oublier qu'ayant vu le jeune Prince entrer seul dans le grenier formé par le toit de la tour, et qui avait son entrée du côté où je me trouvais alors, j'en profitai pour aller à lui, le serrer dans mes bras et l'embrasser : je ne pus résister au désir de me procurer cette dernière satisfaction. Ce royal enfant avait la figure la plus noble et la plus aimable ; ses proportions étaient parfaites, et il jouissait alors de la meilleure santé : ses saillies pleines d'esprit et son enjouement habituel annonçaient le plus heureux caractère. Les attentats de ses persécuteurs sur un aussi beau naturel, sont peut-être le plus affreux de leurs crimes !

Je dois dire enfin que voulant conserver quelque chose qui eût été à l'u-
sage de l'une des Princesses, je me saisis d'un gant de Madame royale, que je
trouvai sur un siége. C'était un gant de
peau couleur merde-oie, qui me fut
enlevé, lors de mon arrestation, de
mon secrétaire, où je l'avais placé avec
ce que j'avais de plus précieux.

En terminant ici le récit de ce que
j'ai vu au Temple, je peux assurer que
la famille royale m'y a constamment
montré la réunion des vertus et des
qualités qui devaient lui mériter le respect et l'amour des Français, et qui
pouvaient lui faire supporter des malheurs aussi grands que les siens, avec
dignité et résignation. Du reste, la reconnaissance que témoignait la famille
royale pour les moindres services, m'a
laissé le regret d'avoir si peu fait pour
elle, et de me trouver si fort au-dessous
de tant de bonté et d'indulgence.

On voit, dans *le Moniteur* du 23 avril

1793, pourquoi je fus désormais privé
de retourner au Temple, et sur quel
fondement plusieurs officiers municipaux et moi fûmes impliqués dans le
procès de la Reine, et traduits ensuite
au tribunal révolutionnaire.

« Louis Roux, dit cette feuille en
« rendant compte de la séance de la
« Commune, du 20 du même mois, fait
« lecture d'un procès-verbal dressé au
« Temple en présence du maire, du
« procureur de la Commune et des
« commissaires de service, lequel con-
« tient deux déclarations, l'une de Ti-
« son, faisant le service du Temple, et
« l'autre de Anne – Victoire Baudet,
« épouse de Tison, également employée
« au service du Temple. Il résulte de
« ces deux déclarations, que quelques
« membres du conseil, Toulan, Lepitre,
« Brunod, Moelle et Vincent, le mé-
« decin et l'entrepreneur des bâtimens
« du Temple, sont suspectés d'avoir eu

« des conférences secrètes avec les pri-
« sonniers du Temple, de leur avoir
« fourni de la cire, des pains à cache-
« ter, des crayons, du papier, et enfin
« de s'être prêtés à des correspon-
« dances secrètes. Toulan et Vincent,
« présens au conseil, demandent qu'à
« l'instant l'on nomme des commissaires
« pour aller apposer les scellés chez
« eux. Aussitôt des commissaires sont
« nommés à cet effet, à la charge par
« eux de requérir le juge de paix de la
« section dans laquelle ils se trouve-
« raient pour les assister dans leurs
« opérations.

« L'administration de police est char-
« gée de faire sur le champ apposer les
« scellés chez les citoyens inculpés qui
« ne sont pas présens au conseil.

« Des commissaires sont envoyés au
« Temple avec pouvoir de faire dans les
« appartemens des prisonniers, toutes
« les visites et recherches nécessaires,
« de fouiller les prisonniers et de lever

« les scellés apposés sur l'appartement
« de feu Louis Capet. »

La mesure prise par le conseil-général fut aussitôt exécutée à mon égard.
Je n'étais point chez moi, lorsque deux
administrateurs de police et le juge de
paix de la section de la Cité, sur laquelle je demeurais, s'y présentèrent.
Je trouvai, à mon retour, les scellés
apposés sur mon secrétaire et sur tous
les meubles où je pouvais renfermer
les choses à mon usage. Les scellés ne
furent levés que le 26 avril. Depuis lors,
je m'attendis à de nouvelles mesures,
surtout lorsque j'appris, le 5 août 1793,
que la Reine avait été transférée du
Temple à la Conciergerie.

Au commencement d'octobre, le
maire de Paris, Pache, plusieurs conventionnels, membres du comité de
sûreté générale, Chaumette, Hébert et
quelques administrateurs de police,
firent une autre visite au Temple. L'on

surprit au jeune Prince des déclarations mensongères et abominables contre la Reine et Madame Elisabeth, à qui l'on fit subir un interrogatoire, ainsi qu'à Madame Royale (1).

Cet interrogatoire roula sur toutes ces horreurs et sur les commissaires déjà dénoncés en partie par Tison et sa femme, au nombre desquels j'étais. Ces commissaires sont Toulan, Lepitre, Michonis, Brunod, Beugnot et Moelle (2). On en dressa un procès-

____

(1) J'atteste qu'ayant rencontré Hébert dans la rue Dauphine, peu de jours avant l'arrestation qui le conduisit à l'échafaud, et lui ayant reproché l'imposture de ces déclarations, que je savais qu'il avait fait suggérer au jeune Prince, il convint que c'était une invention de sa politique. Comme elle donna lieu à ce beau mouvement de sensibilité de la part de la Reine, que tout le monde connaît, Robespierre ne le pardonna pas à Hébert, dont, dès-lors, il prépara la chute.

(2). Les noms des trois derniers municipaux ont été défigurés sous ceux de *Breno*, *Brugnot* et

verbal rapporté dans l'ouvrage intitulé *Procès des Bourbons*, et dont le nommé Daujon, l'un des commissaires de service ce jour-là au Temple, fut le rédacteur. J'y suis signalé comme un de ceux que les Princesses avaient le plus distingués.

Arrêté dès le 24 septembre 1793, et conduit à l'Abbaye, j'y fus mis au secret jusqu'au 14 octobre, que je fus appelé au tribunal révolutionnaire, d'après une citation qui ne contenait aucune énonciation de motif. C'est à la Conciergerie que j'appris que j'étais impliqué dans le procès de la Reine. Je fus d'abord déposé dans l'avant-greffe avec tous ceux qui, comme moi,

---

Merle, dans les Mémoires particuliers faisant suite à l'ouvrage de M. Hue et au Journal de Cléry. Il est fait dans ces Mémoires une mention trop honorable des six municipaux ci-dessus, pour qu'il ne me soit permis de relever cette erreur, qui d'ailleurs me concerne particulièrement, puisque mon nom y est désigné sous celui de *Merle* au lieu de *Moelle*.

devaient être entendus dans ce procès.

Quelques momens après, on nous conduisit tous dans la salle où siégeait le tribunal. La Reine y était, en présence des juges et des jurés, sur le siége principal des accusés. Elle était en habits de deuil, et sa contenance avait sa noblesse accoutumée. On procéda à la lecture de l'acte d'accusation, après laquelle on nous fit enfermer dans une salle voisine, gardée par des gendarmes, d'où nous étions appelés successivement.

C'est là que je me trouvai avec Bailly, que je connaissais par quelques relations de société, et par les rapports que j'avais eus avec lui lorsqu'il était maire de Paris, et que j'étais président de ma section. Il figurait dans l'acte d'accusation comme complice du voyage de Varennes, et comme l'un des auteurs des massacres du Champ-de-Mars, où il avait fait exécuter la loi martiale. Ce dernier grief, qui fut, peu de jours après,

le motif de sa condamnation, lui don-
nait peu d'inquiétude, parce que sa conduite avait été approuvée par un décret
de l'Assemblée constituante, et que,
selon lui, il était hors d'atteinte après
une pareille justification. La complicité
du voyage de Varennes lui paraissait
beaucoup plus dangereuse, quoiqu'il
m'assurât qu'il y était absolument étranger, mais qu'il ne voulait pas faire entendre là-dessus de témoins, pour ne
pas les exposer, dans une circonstance
aussi critique. Je dois ce trait de déli-
catesse à la mémoire de Bailly (1). Du
reste, voici comme il s'ouvrit à moi au
sujet du voyage de Varennes.

La veille du départ, me dit-il, ayant
éprouvé le besoin de me purger, j'avais
pris une médecine en bols, et je m'étais

____

(1) La noble conduite de Bailly à sa confrontation
avec la Reine, ainsi que sa mort, qui la suivit de si
près, doivent expier quelques torts de son esprit et
l'entraînement des circonstances.

retiré à dix heures du soir dans ma chambre à coucher, où, l'instant d'après, l'on vint me dire que La Fayette demandait à me parler. Lorsqu'il fut introduit, il m'annonça qu'il était informé que la famille royale se disposait à partir dans la nuit; mais que je devais être tranquille; que Gouvion surveillait les cours et les issues du château; qu'il répondait de tout, et qu'il viendrait m'apprendre le résultat. La Fayette, continua Bailly, me quitta aussitôt; et moi, fort surpris de ce que je venais d'apprendre, et ne voulant rien faire sans consulter quelques membres du Corps municipal, j'en fis appeler deux qui demeuraient le plus à proximité de la mairie. Ce sont, ajouta-t-il, les témoins que je pourrais produire sur ce fait. A leur arrivée, je leur fis part de ce qui se passait; et après en avoir délibéré, nous tombâmes d'accord qu'il fallait attendre La Fayette, qui vint enfin vers une heure du matin nous annoncer que la famille royale était partie, qu'il la faisait suivre, et qu'il était certain de la ramener à Paris.

J'ai cru devoir m'étendre ainsi sur le récit de Bailly, parce qu'il tient à l'un des évènemens de la révolution qui a le plus influé sur le sort de la famille royale, et qu'il confirme, en cela, que La Fayette a été une des principales causes de ses malheurs, ainsi que la Reine me l'avait dit. J'ai donné le même détail dans le *Messager du soir,* rédigé par Langlois., peu de temps avant l'évènement du 18 *fructidor.* On avait, alors, l'espérance d'une révolution en faveur des Bourbons, et je ne croyais pas inutile à leur cause de démasquer certains personnages. C'est aussi pour ranimer l'intérêt que devaient inspirer les vertus et les malheurs de Louis XVI, que je donnai dans le même journal les relations de la première entrevue au Temple de ce

Prince infortuné avec M. de Males-herbes (1).

Je reviens au procès de la Reine. Ceux qui y étaient impliqués, ainsi que les témoins, furent entendus dans l'ordre que l'on connaît, jusqu'à vers deux heures de l'après-midi, que la première séance fut suspendue. On nous ramena dans l'avant-greffe, où je dînai avec Bailly. A côté de nous, sur la même table, dînèrent aussi M. de la Tour-du-Pin (2), ancien ministre de la guerre, et M. de la Tour-du-Pin-Gouvernet, impliqués dans le procès, qui périrent depuis

---

(1) Je ne donne pas ici cette relation, parce que je ne l'ai écrite dans le temps que sur la foi d'un tiers, et que, dans ce récit, je ne dis que ce que j'ai vu par moi-même au Temple.

(2) M. de la Tour-du-Pin, lorsqu'il parut au tribunal en présence de la Reine, lui fit un profond salut, qu'il renouvela en cessant de parler. Cet hommage rendu ainsi à une haute infortune, et dans une telle position, a beaucoup de noblesse et de fermeté.

par le tribunal révolutionnaire. La séance fut reprise sur les trois heures, et ceux d'entre nous qui n'avaient pas encore été confrontés avec l'auguste accusée, furent reconduits à la proximité du tribunal, dans la même salle que le matin. Je ne comparus point le premier jour, et sur les dix heures du soir on me ramena à l'Abbaye jusqu'au lendemain 15 octobre, que je fus enfin confronté avec la Reine.

On m'interrogea sur les intelligences que j'étais accusé d'avoir eues avec la famille royale au Temple. Je répondis, sur ce chef, que je n'avais eu d'autres rapports avec elle que ceux indispensables avec mes fonctions, et que, de la part de la famille royale, je n'avais remarqué, la première fois que je m'étais trouvé en sa présence, que la curiosité naturelle à des détenus en pareille circonstance ; que, d'ailleurs, je n'avais aucune connaissance des faits contenus dans l'acte d'accusation. J'allais, par un détail du régime introduit au Temple et des moyens de surveillance qui y étaient employés, tâcher de prouver la fausseté de l'accusation infâme portée par Hébert contre la Reine, lorsque Fouquier-Thinville, accusateur public, qui prévit mon intention, m'interrompit brusquement, en m'interpellant de répondre *par oui ou par non*, *si j'avais eu des connaissances avec l'accusée.* Ma réponse fut une dénégation absolue, que j'accompagnai d'un geste analogue. L'auguste accusée, interpellée à son tour, répondit, et ce sont ses propres paroles : *Je n'ai eu aucune connivence avec le témoin.* Telle a été ma confrontation avec la Reine. Dans la relation du procès, on a réduit ce que j'ai dit à une seule phrase, quoique j'aie parlé plus d'un quart d'heure. Au reste, qu'il me soit permis d'invoquer le dernier regard dont l'auguste Princesse m'a honoré...... Il sera toujours ma plus chère récompense! Toute mon espérance dans ce moment était de mourir pour la cause sacrée à laquelle je m'étais dévoué, et tout mon orgueil de l'avoir mérité (1).

Ramené le même soir à l'Abbaye, le lendemain, 16 octobre, tous ceux qui étaient détenus dans cette prison, entendirent autour un mouvement extraordinaire qui, joint au bruit du canon qui y pénétrait, leur inspira une crainte assez fondée de ce qui se passait au-dehors. J'attribuais le bruit du canon qui m'avait frappé, particulièrement à

---

(1) En traversant le parquet, où avait pénétré un grand nombre de spectateurs, il s'en trouva un sur mon passage, lorsque deux gendarmes me conduisaient hors de l'auditoire, qui me dit, en me serrant le bras gauche : *Bravo, citoyen!* J'avoue que je fus sensible à ce témoignage de l'impression que ma conduite, dans cette circonstance, avait faite sur ceux qui avaient pu l'apprécier.

5

une tentative pour s'opposer à l'exécution de la Reine, et le mouvement
populaire qui se faisait entendre autour de la prison, au renouvellement
des massacres qui s'y étaient exécutés
presqu'à pareille époque de l'année
précédente. J'étais incertain entre ces
deux suppositions. En cas de succès,
dans le sens de mes vœux et de mes
espérances, ce bruit me rassurait;
mais, dans le cas contraire, je devais
m'attendre à toutes les horreurs d'une
autre violation des prisons. Cette in-
certitude me tint dans une alternative
de terreur et d'espoir, pendant plus de
deux heures, au bout desquelles les
guichetiers vinrent nous apprendre
que les rumeurs que nous avions en-
tendues autour de l'Abbaye, prove-
naient des mouvemens du peuple pour
s'emparer de quelques prisonniers au-
trichiens que l'on conduisait à cette
prison, et que l'on tirait le canon pour
célébrer une fête en l'honneur de

Marat. Au moment même, s'accomplissait le forfait qui tranchait les jours d'une des plus augustes et des plus touchantes victimes de ce temps déplorable !

J'ai découvert, sur les derniers momens de la Reine dans sa prison, des détails inconnus jusqu'à présent, ou du moins que je publie le premier.

Un gendarme nommé *Leger*, ancien grenadier aux gardes françaises, que j'avais remarqué parmi ceux placés autour de la Reine, au tribunal, lors de ma confrontation, et qui tenait, quand je l'ai revu depuis, un petit établissement de traiteur derrière l'École Militaire, m'a dit qu'il avait, avec un autre gendarme, été préposé à la garde de l'auguste victime, après que son jugement lui eut été prononcé. Selon Leger, la Reine ne rentra point dans la chambre qu'elle avait occupée jusqu'alors à la Conciergerie. Elle fut déposée dans un cabinet pratiqué à l'un

des angles de l'avant-greffe, destiné
ordinairement à ceux des condamnés
qui ne pouvaient être livrés à la mort
que le lendemain de leur jugement. Ce
fut là que la Reine passa sa dernière
nuit. D'après ce même Leger, la Princesse ayant demandé quelque nourri-
ture, on lui servit un poulet dont elle
mangea une aile. Avant de se coucher,
elle demanda également de changer de
chemise, parce que la sienne l'incom-
modait beaucoup, par une perte de
sang dont elle était affaiblie depuis
plusieurs jours. La femme du concierge lui procura ce soulagement. La
Reine, suivant le même récit, dormit
assez paisiblement, et se leva sur les
cinq heures du matin. Alors elle désira
qu'on lui servît du chocolat, que l'on
se procura du café voisin de l'entrée
de la Conciergerie. On lui en apporta
ce qu'on appelle une *mignonette*, qui
parut si peu suffisante à Leger, qu'il ne
voulut pas la diminuer par l'épreuve à

laquelle étaient soumis tous les alimens que prenait l'auguste victime. A son lever, elle s'était vêtue d'une robe blanche avec laquelle on la vit consommer son sacrifice! L'heure en étant arrivée, elle fut conduite, du cabinet où elle avait passé la nuit, au greffe, à travers une haie de gendarmes disposée depuis la porte du cabinet jusqu'à celle du greffe, où on lui coupa ses cheveux blanchis par tant de chagrins et dans un désordre déplorable. Ses mains augustes lui avaient déjà été attachées derrière le dos, lorsqu'elle se plaignit d'un besoin pressant qui obligea de les lui délier, et qu'elle satisfit dans un réduit obscur nommé la *Souricière*, dont l'entrée se trouve à l'angle gauche du greffe, après quoi ses mains, qu'elle tendit encore une fois, furent liées de nouveau. La Reine ne sortit du lieu fatal que pour monter sur la charrette qui l'attendait à la porte de la Conciergerie, et qui la conduisit à la place qui vit terminer ses douleurs.

Ce récit de Leger, dont je n'altère en rien la substance, contient des détails si naturels et si vraisemblables dans leur genre, que je suis réduit à y croire. J'ai hésité long-temps de les publier; mais enfin j'ai cru pouvoir les présenter aux regrets des âmes sensibles. Si tant de cruautés couvrent leurs auteurs d'une horreur éternelle, elles doivent d'autant plus faire ressortir l'inaltérable bonté de celle qui a consacré ses derniers momens à en recommander le pardon.

Quelles infortunes peuvent être comparables à celles de la famille royale, et comment, après le tableau que je viens d'en tracer, parler de ma propre traduction au tribunal révolutionnaire?

Mon acte d'accusation me fut signifié le 27 brumaire an II, à la Conciergerie, où j'avais été définitivement transféré quelques jours auparavant. Ce même acte était commun à onze accusés nommés *Jean-Baptiste Michonis, Augustin-Germain Jobert, François Dangé, Toulan, Jacques-François Lepître, Jean-Baptiste Vincent, Nicolas Lebœuf,* la veuve *Dutilleul* et *de Rougeville, Nicolas-Jean-Marie Beugnot, Pierre Fontaine,* et moi, *Claude-Antoine-François Moelle.* Les chefs d'accusation portaient contre tous, en général, que le Roi, la Reine et les autres détenus au Temple avaient, par notre moyen, entretenu des intelligences au-dehors, et que, par ces intelligences ainsi que par nos manœuvres dans l'intérieur du Temple, la sûreté du peuple avait été compromise ; que depuis la translation de la Reine à la Conciergerie, certains administrateurs s'étaient permis d'introduire auprès d'elle un grand nombre d'individus attachés à la ci-devant cour ; des ci-devant nobles, chevaliers de Saint-Louis, qui lui ont parlé et remis des billets auxquels elle a cherché à répondre ; et que, du nombre de ces fonctionnaires publics, il en était qui avaient été employés à la surveiller en qualité de commissaires de la Commune, lorsqu'elle était enfer- mée au Temple, et qu'ils ont ainsi con- tinué leurs intelligences à la Concier- gerie, ce qui annonce l'intention où ils étaient de favoriser les complots for- més par *la famille coupable* contre la ré- publique. Telle est la substance de cet acte d'accusation, beaucoup plus éten- du, et qui est une des productions bi- zarres de ces temps de désordre et de fureur, tant par les expressions inju- rieuses qui y sont répandues contre la famille royale, que par toutes les exagé- rations du style révolutionnaire.

Notre procès dura trois jours. J'a- vais particulièrement pour témoins à charge, Chaumette, procureur de la Commune, Hébert, l'un de ses subs- tituts, et Mathey, concierge du Tem- ple. Tison et sa femme, quoique nos premiers dénonciateurs, ne parurent point au procès. J'ai su depuis que la

femme Tison était tombée dans un état
de démence causé par le regret de sa
conduite envers les augustes prisonniers du Temple et de ses dénoncia-
tions. Je n'objectai rien contre ce qui
me fut imputé, et j'attendis, j'ose le
dire, avec tranquillité, ce qui serait dé-
cidé sur mon sort. Les débats eurent
principalement pour objet l'œillet pré-
senté à la Reine à la Conciergerie, par
le chevalier de Rougeville. On préten-
dait que cet œillet contenait un billet
tracé à l'épingle, et qui s'en échappa à
la vue des gendarmes attachés à la per-
sonne de la Reine, qui en témoignè-
rent. Mais ce billet ne fut point repré-
senté ni produit. Le chevalier de Rougeville avait été introduit auprès de la
Princesse par Michonis, qui l'avait
connu chez Pierre Fontaine, à un dîner
que celui-ci avait donné pour les réunir, et à la suite duquel ils allèrent ensemble à la Conciergerie, où Michonis
pouvait pénétrer, comme l'un des ad-

ministrateurs de police. Voilà, d'après les débats, toute l'histoire de l'œillet (1).

En résultat, Michonis fut condamné à la déportation, mais compris depuis dans une prétendue conspiration des prisonniers de la Force, et condamné à mort. Les autres accusés furent acquittés; on n'avait pu leur opposer aucun fait. La plupart ont péri pendant le régime de la terreur. Je ne crois d'existans, parmi les officiers municipaux traduits alors au tribunal révolutionnaire, que Lepitre, fait chevalier de la Légion d'honneur par le roi Louis XVIII, en 1814, et moi.

______

(1) On a attribué, dans plusieurs relations, cette scène de l'œillet à un chevalier d'Edouville; mais notre procès fournit la preuve que celui qui fut introduit à la Conciergerie s'appelait *de Rougeville*, dont la dame du Tilleul avait pris le nom, à cause de ses liaisons avec lui. C'est sous ce rapport, et pour s'être trouvée au dîner chez Fontaine, qu'elle fut impliquée dans notre procès.

Je termine ce récit par la mort de Madame Élisabeth, qui la peint des couleurs célestes qui ont surtout éclaté en elle à ses derniers momens.

Le 10 mai 1794 on apprit, avec la plus vive surprise, que Madame Élisabeth, transférée la veille, à dix heures du soir, du Temple à la Conciergerie, venait d'être condamnée à mort par le tribunal révolutionnaire, et allait être exécutée avec vingt-trois personnes arrêtées aux environs de Sens. Comme je demeurais dans le quartier du Palais, cette nouvelle me parvint aussitôt. Entraîné par mille mouvemens confus que je ne pouvais définir, et où se mêlait je ne sais quelle espérance, je sors de chez moi, et je me trouve à la descente du Pont-Neuf, du côté du quai de l'École, au moment qu'un mouchoir blanc qui couvrait la tête de la Princesse, vint à s'en détacher, et tomba aux pieds de l'exécuteur, debout à côté d'elle, qui le ramassa. Au rcfus de la Princesse qu'il le replaçât sur sa tête, je le vis se saisir de cette dépouille sacrée, et se l'approprier... La tête nue, et distinguée, par cette circonstance fortuite, de plusieurs femmes qui partageaient son sort, rien n'a pu dérober à la multitude le calme modeste et la pieuse sérénité de Madame Élisabeth en allant à la mort.

Toujours entraîné par les mêmes mouvemens, je tâche en vain d'être aperçu par la Princesse, et de lui montrer ma douleur. Je la suis jusqu'à l'échafaud. Là les satellites et les victimes s'arrêtent. Détachée aussitôt de la planche où elle avait été fixée pendant le trajet, et debout la première, la vierge auguste, jusqu'alors recueillie en elle-même, répand un sourire angélique sur les compagnons de sa mort, lève les yeux vers le ciel, les reporte sur eux, et leur dit ainsi, que c'est au ciel qu'ils vont se réunir..... C'est tout ce que j'ai pu saisir de cette scène sublime et fu-

neste..... Je n'en ai pas vu davantage....
L'histoire ajoutera que, par une recherche barbare, la fille et la sœur de nos
Rois fut réservée pour mourir la dernière, mais qu'au nombre des victimes
se trouvait un prêtre, ancien chanoine
de Sens, qui put lui administrer les con-
solations suprêmes de la religion, et qui
la précéda immédiatement dans le sein
d'un Dieu rémunérateur..... Touchant
et saint exemple de deux martyrs qui
scellèrent ainsi de leur sang un dernier
acte de résignation et d'espérance....!

MOELLE.

SIX JOURNÉES
PASSÉES AU TEMPLE.